Palabras (im)prescindibles

Lázaro Alfonso Díaz Cala

Poesía

letramía

Editorial

Portada:
"Your letter" / Digital / Fabián Cortes Olivera

Colección Náufragos

En la madrugada
los sueños inquietantes revelan
trozos de fulgor en el infinito.

de: La espada y la serpiente de John Snake
(Arrastrando hojas secas hacia la oscuridad),
Pedro Juan Gutierrez

I

…MIENTRAS DUERMEN LOS ÁNGELES

Pobres los ángeles urgentes
que nunca llegan a salvarnos.
¿Será que son incompetentes,
o que no hay forma de ayudarnos?

de: Cita con ángeles.
Silvio Rodríguez.

Proclama

Se retuerce mi estómago.
Me tiemblan las manos.
No miro a otro sitio que no sea
este papel.
Ignoro a los transeúntes
anuncios lumínicos
riñas de canes…
Intento alimentar mis células
con estas caprichosas palabras
que proclaman mi renuncia
a utopías/ podios/ pasarelas…

Desde hoy cejaré los atajos
rumbo a la penumbra.
Estos puños y estos versos
serán mi escudo y mi lanza…

Primera madrugada de enero (palabras (im)prescindibles)

Hombres y mujeres ríen
desandan las calles
saludan/ beben/ cantan/ ofrendan
encienden velas/ luces/ inciensos;
mientras yo me auto sentencio a la espera
a caminar sobre huellas borradas
a dormitar durante el ajetreo rutinario
y asesinar esta sarta de palabras
(im)prescindibles.

Me empino el último trago
de una botella de Havana Club
devoro cientos de cajetillas de cigarros
revuelco las gavetas
ordeno y deshago el ropero
evoco ancestros
culpo futurismos.

Cierro puertas y ventanas
oídos/ olfato/ garganta…

Oculto bajo la sábana
las indómitas ansias
que rigen mi bregar.

Inventario

Autos: aparcados/ a toda prisa/ decenas de autos
usurpan la ciudad.
Hombres: dormitan/ caminan/ corren/ cientos de
hombres
mujeres y niños.
Hojas: se balancean/ vuelan/ caen/ millones de hojas
de diversos árboles.
Amor: besos/ caricias/ placeres infinitos
rentados o sinceros…
En cada tiempo hay autos/ hombres/ hojas
árboles y placer…
En cada tiempo destruimos los autos/ las hojas
los árboles/ el placer
a nuestros semejantes.
Atrás: los días, la rutina, los otoños, el deseo…
Futuro: amasijo de razones que nos empuja
a respirar o al suicidio
a comulgar o exorcizar nuestros demonios
nuestra sed.

Conspiración

...las luces de la ciudad
la prisa de los transeúntes
los maniquíes en las vidrieras
el pregón del vendedor de flores
las musas que merodean mis sienes
las estrellas ocultas
y las que nos premian con su fulgor
la esbeltez de los enamorados
que sacian sus ganas
tras columnas o arbustos
las lunas en eclipse
el rumor de la brisa citadina…
Todo...
todo conspira contra mí
impide que olvide
que camine erguido y geste horizontes…

Unos y otros

Unos lloran sus miserias;
otros en los bares apuestan.

Unos creen en la vida eterna;
otros de los dioses reniegan.

Unos gozan el placer de matar;
a otros indigesta la desidia.

Unos inclinan sus manos
y encomiendan la paz a una pesadilla;
otros mueren de culpa y rencor.

Unos creen en el amor;
otros asesinan razones
y comercian sentimientos.

Por eso el mundo es mundo
antes de Cristo/ Pilatos
hogueras/ escudos/ utopías.
Unos: confetis, champaña y desnudos;
otros: lágrimas, flores
y velas encendidas.

Plegaria

Domingo...
Todos
sentados a la mesa:
pan y pescado.

Insiste...
No desistas jamás.
Extiende tu brazo
debes alimentarte.

No te rindas...
El infierno no es tan cruel
existe el olvido.

En una esquina del armario
se consumen el incienso
y los maullidos del gato.

Aguas

*A la memoria del hermano
que apenas conocí.*

Te lanzaste a nadar y no volviste.
Así dijeron amigos y enemigos.

Mi madre
sentada en el sillón del portal
aguarda día y noche tu regreso
desde aquel nueve de abril
sin advertir las más de cuarenta primaveras
—sin recordar el café y el arroz
incinerados en el fogón—.
A ratos mira al cuadro
que conserva tu imagen juvenil:
la misma que archivan sus neuronas
gavetas y armarios.

El viejo ajusta sus herramientas
callado...
mientras cuece recuerdos y venganzas.

Perdonen todos/   mis distracciones
y ausencias.

Mientras duermen los ángeles

A mi madre,
por el 11 de septiembre de 2015.

Partiste un viernes sin decir adiós
sin riñas ni perdones
con mis dedos en tus dedos
las lágrimas en las arrugas de la piel;
colmada de música y guirnaldas
amaneceres y eclipses
sierpes y desesperanzas;
con el canto de los gorriones
la algidez de la madrugada
y la furia de las aguas
presente en cada pesadilla o insomnio;
como el viento arrastra las hojas
convertida en fusta y gaviota
incienso y fotografía
almohada y espectro.
No escaparás a mis noches
a mi mano al caminar
a mis versos
a la ineludible manía
de recordarte y adorarte
cada día
por cada camino
en cada palabra
en cada concepto
en el aroma y el humo de cada café.

Espía

Llego a tu puerta cual bufón distraído
y espío a través de la rendija
tu boca y su boca
tu piel y su piel
la música y las copas.
Mis húmedas pupilas perciben
el fulgor de tu desnudez
y sus besos en tu entrepierna.

Hurgo en mis recuerdos
y te descubro persistente
en mis dedos
en mi sexo.
Gozo tu éxtasis
en mi delectación
envidiando a tu alfombra.

Acciono el encendedor
y devoro a medias un cigarrillo
que lanzo
al interior
de tu habitación;
mientras te rehago el amor
con mi cerebro y mis manos.

Mi aliento se consume
mi fuerza revienta los deseos
y la emprendo a cuchilladas con mis venas.

La sangre se confunde con el semen
mis ímpetus fluyen al infinito
y tras la rendija
tu brío y el suyo
arden entre las llamas.

Divagaciones

Confías en que llame a tu puerta
y exija tus besos
como pago a un adeudo.

Sueñas que de rodillas
asesine mi orgullo
por migajas de caricias.

Silencio...
es todo cuanto hallarás en mis palabras
en mi mirada
en mis manos.
Esta unánime mudez
que sentencia tu partida
y crucifica mi adicción
a tus labios
a tu aroma
a tu piel.

Holocausto

La gente camina de un sitio a otro
dispersa
con carteras y mochilas.
¿Acaso importan
las dimensiones del equipaje
si está vacía el alma
y no viajamos a ningún sitio?
Los besos no hierven la sangre.
Las noches no huelen a amor.
Olvidamos palabras: gracias/ disculpas/ preces.
Todo se vuelve gris
hasta los sueños
y no hay el interruptor
para detener el holocausto.

II

EFUGIOS

¿Quién se atreverá a condenarme
si esta gran luna de mi soledad me perdona?

De: Casi Juicio Final (Luna de enfrente)
Jorge Luis Borges

Creo que mis jornadas y mis noches se igualan
en pobreza y en riqueza a las de Dios,
y a las de todos los hombres.

De: Mi vida entera (Luna de enfrente)
Jorge Luis Borges

Amor

Amor...
no es aherrojar sueños
caminos/ labios
tapiar puertas y ventanas
ocultar diarios/ pergaminos
cortar la electricidad.

Amor...
es gozar el aire
la paz
que proporciona el placer
el entendimiento…
gritar nuestra razón.

Caída

Acepto esa mano
que me empuja al vacío…
Disfruto la caída.
Me levanto
corro en busca de otra mano
y otro precipicio.

Espectro

Soy esa voz
que se asoma a la ventana
y susurra:
«Soy un fantasma...
Soy tu fantasma».
Soy ese oído que se tapia
y observo…
cómo transcurre la noche.

Sapiencia

No sé si ocultarme del sol
o esconderlo
para que no me queme.
No sé si odiarte y decirte que te amo
o amarte
y decirte que te odio.
No sé si escribir un poema
o destruir
el corazón que lo inventa.

Poesía

Cuando no halla luz
ni horizonte
ni ayer
¡Habrá poesía!...
Poesía
que hable de lunas, estrellas
besos y olvidos.
Poesía
que discurse sobre hambres/ fusiles
altares y dinosaurios.

Hoguera

Lista la hoguera.
Atan mis manos
y mis pies.
Colocan la máscara
y la corona de espinas…
Acepto la cruz
(sin gritos ni forcejeos).
No vuelan palomas sobre mí
solo espectros y buitres.

La noche

Llega la noche.
Mascullo silencios
y preces.
Lío desvelos
e intercedo
entre tu paz y la ira
de mis sueños.

Templo

Todos los rostros
que adornan las paredes
para mí
hoy…
son solo rostros
de simples mortales que ayer
alguien honró.

Muy personal

Solo el espejo
advierte mi soledad
y la asiste
silencioso
sin escuchar el viento
los relámpagos
ni las carcajadas.

Preces

No le pido a Dios
más que la risa de mis hijas
la paz de mis viejos
y un puñado de versos
por escribir.

Juicio

Final del juicio:
soy un alma inerme
sin rumbo
sin guía
sin voz
sin arcoíris ni lluvia ni luna
sin sol.

Poeta/ Escape

Tarde de otoño.
Un poeta en el muro
recita al mar
sus risas
sus hieles
sus motivos
para escapar de la poesía
y de su espejo.

Cronos

Un segundo…
un minuto…
una hora…
un par de versos
estacionados en el andén del silencio
segados en el escalón de la soledad
anclados en un raíl del olvido
en espera de lo que nadie espera:
pasan los versos
las horas…
los minutos…
los segundos…

Paloma mensajera

I
Una paloma con las alas mojadas
se posa en mi balcón
y entrega tu carta.

II
La abro:
un nombre/ huellas de lágrimas
un te amo
un adiós...

III
Ya no llueve...

IV
Me recuesto a la baranda
a contemplar el arcoíris.
La paloma se aleja
agitando sus alas.

V
Voy tras ella...

Lluvia

Con periódicos
una anciana se cubre
de la llovizna
o del sol
quizás también de recuerdos
soledades
y futuros.
…Arrecia la lluvia.

Habitación

Afuera llueve…

En mi habitación
ríen los fantasmas
las fotos colgadas en la pared
y las cartas bajo el colchón.

Se inunda de colillas
el cenicero.

Luna llena

Desvelado.
Veo a través de la ventana
la luna llena.
Me enjuicia
por las horas que no dejo
de soñarte.

III

ÉXODO
DEL SILENCIO

les doy
todo
el silencio.

de: Testamento (Aprendiendo a callar)
Jesús David Curbelo

Prólogo

¡No aplaudan
se los ruego!
Más bien...
es hora de llorar.
¡Miren alrededor!...
¡Escuchen la radio!...
¡Compren la prensa!...
¡Enciendan la tele!...
¡Lean estos versos!...
Y no duden en gritar
o callar
según elija su alma.

Deudas

Adeudo versos a las carcajadas
los ¡Vivas!/ ¡Por fin!
al brindis por el azar
a las rosas blancas.

Adeudo versos a la iridiscencia
a los cantos alrededor de la fogata
al azul
a pasarelas
al horizonte.

A cada palabra aumentan mis deudas
porque en centenas de páginas
no soy capaz de saldarlas.

Guarida

Una noche de 2016

Acoges este amasijo
de carne y quimeras;
mientras
laboriosas arácnidas
ornamentan el techo y las paredes.

El polvo y la humedad
carcomen tu esqueleto
la mugre los mosaicos
las fotos rubrican la historia.

Te yergues ante mis pupilas
aún no devastada
pero sí tambaleante
ante el itinerario de lamentos
venturas
insomnios
y silencios...

Atajos

Segundo a segundo
tejemos nuestra historia
en cada huella/ arpegio
beso/ partida...
Urdimos nuestro verso
y cedemos ante la tregua
a merced de los númenes
que dormitan y amanecen
bajo la piel.

No hallamos una explicación.
No existen respuestas.
Sentenciados al camino
bajo lluvia/ sol/ ventisca;
confinamos a la luna
podios y aflicciones.

El primer respiro se cuece
con identidad/ amor/ verbo
sosiego
—y posteriormente—
infinitud.

Regresaré...

...regresaré
a mi país/ mi ciudad/ mi calle
mi casa/ mis hijos/ mi habitación
—regresarán mis padres—
a los cuadernos de poemas
al último beso
a cada noche de éxtasis
a las riñas y reconciliaciones
al primer beso
a la vigilia y las fiestas en el portal
—regresarán los amigos del exilio—
al silencio/ la soledad
a la maestra que dictaba penitencia
a los juegos en la calle
a las celebraciones de cumpleaños
—regresará mi hermano
y mi madre dejará de llorar por los rincones
y esperarlo en el sillón del portal—
a los veintidós meses en cuna por la caída
al biberón
al vientre de mi progenitora
a Dios...

¿Valdría la pena?

¿Valdría la pena escuchar noticias
leer diarios
escribir poemas
hablar de amor
proveer el granero
saciar la sed
vestir la desnudez
respetar leyes?

¿Valdría en realidad mirar a la luna
pedir un deseo a las estrellas fugaces
contemplar el amanecer?
Si es tan efímera nuestra permanencia
y tan débiles las huellas
que ni siquiera nos percatamos
del tiempo transcurrido.

Fantasmas

Los fantasmas...
postergan el alba de cada jornada
ahuyentan podios
asesinan númenes
crucifican ansias
nos retan a disímiles duelos
—nacemos vulnerables a tales espadas
bien afiladas;
los nosotros desnudos
y las manos atadas a la espalda—;
perdemos cada desafío.

Último deseo

Cuando al fin duerma eternamente...
¿Cerraré los ojos o quedarán abiertos?
¿Caeré al pavimento
a la hierva
o a un colchón?
¿Emitiré algún quejido
o agitaré las manos
en silencio?
¿Velarán mi féretro
hasta encerrarme en una fosa
o descansaré
en la oscuridad del océano?

Nada pediré para ese día
sabrán mis hijas y esposa qué hacer
con mi carne y mis huesos
con mis libros y mi recuerdo.

Vivir...

Vivir...
no es más que despertar
lavarnos la cara
y degustar un buen café;
salir a la calle
ceder una limosna
y persignarnos
ante la puerta de la iglesia;
disfrutar el contoneo de las mujeres
admirar la risa de los niños
desconfiar de las noticias del diario
alimentarnos
saciar la sed
la sed de agua
de amor
de manos y oídos
que nos inciten a vivir.

Plegaria a Yemayá

A tu dócil furia me entrego:
se rinden mis oídos
vibra mi piel
despiertan los instintos
y las ansias.
¡Oh, mar!
Me avasalla tu celeste mirada
me colma.
Te muestro mis sueños
mi humilde palabra
la quietud y tempestad de mi alma
mi endeble corpulencia
mi fe.

Air lines (Aguas rojas)

A los amigos que partieron (casi todos).

Memorias de una isla carcomida
e imborrables añoranzas
conforman equipaje
—juergas/ pasiones/ incertidumbres—
un número telefónico y una dirección
el abrazo infinito
y un brindis por el futuro.

Al despertar solo quedan fotos
botellas vacías
risas/ lágrimas
rondas y confesiones;
un vacío en el pecho
un porqué sin contestar
motivos para el inventario
de causas/ razones
y existencias;
una lista de nombres tachados
con líneas rojas.

Éxodo del silencio

I

¿Adónde escapan
los poemas
los amigos
las cartas de amor
los padres
los hijos
el alba
los sueños?
...¡Faltan
en mi equipaje!

II

Cuando marchan
nos queda el silencio;
luego
...el vacío.

Epílogos del silencio

I

Ya no canta el ruiseñor
a la orilla del camino
ni zurean las palomas
en el patio de la vieja casona.

Ya no ladra el perro
ni maúllan los gatos
ni tocan a la puerta los vecinos
ni silva el cartero para entregarnos
cartas de añoranzas.

Ya no calienta el sol ni enfría la luna
ni se besan en eclipses.
Ya no recito poemas
los oculto en lugares donde luego
no pueda encontrarlos.

II

Corro tras los panes y los peces
que habrán
de saciar el hambre en esta amanecida.
Corro tras las palabras que escapan
de la página;
tras el silencio que atora
mi garganta.

Corro
sin panes
sin versos
curtido de pericias
para multiplicar mi presencia
y los estratos sin minotauros.

III
…las mil secretarias de Dios
siempre están ocupadas
—lo entiendo—;
pero no me rendiré.
Cada tarde
madrugada
y amanecer
elevaré mis súplicas al redentor.
Y sé…
—lo sé bien—
que un día atenderán mi pedido.

El deseo se anida en la profundidad indescriptible,
minúsculo apetito.

La avidez descansa,
al rato se vuelve gesto,
luego germina.

ACERCA DEL AUTOR

Lázaro Alfonso Díaz Cala
(Regla, La Habana, Cuba, 1970).

Poeta, narrador y compilador. Miembro de la Unión
Nacional de Escritores y Artistas de Cuba (UNEAC).
Fundador del Grupo de Haiku Monte Yoshino y asesor del
taller literario "En el brocal del pozo", organizado por
dicho grupo. Tiene publicados los poemarios 'El acoso de
mis fantasmas', (Primer Premio Concurso Nacional de
Poesía Rafaela Chacón Nardi 2009); 'Tras mi ventana', y
Máscaras; la trilogía de novelas juveniles: 'En cada tiempo y
en este lugar', (Premio DAVID 2011); '¿Quién dijo que los
hombres no lloran?' (2015); y ¿Soñar o vivir? (2016); la
novela 'Paraíso Satánico' (2018); el libro de cuentos 'Doble
nueve' (Mención Concurso Hermanos Loynaz 2017); es
realizador de la compilación 'El silencio de los cristales',
cuentos sobre la emigración cubana (2018), y coordinador
de la novela colectiva 'Mirar, sufrir, gozar…' (2020).
Su obra ha sido incluida en diversas recopilaciones de
Cuento, Minicuento, Poesía y Haiku, en Cuba y el
extranjero. Ha obtenido además, entre otros, los siguientes
lauros: Premio de la Popularidad y Mención del Jurado
(Cuento Infantil) en los XI Juegos Florales de Matanzas
2013; Tercer Premio VII Certamen Internacional de Poesía
Social Ciudad de Algeciras Julia Guerra España, 2014;
Premio de Narrativa Regino E. Boti, 2018, con la cuenti-
novela Donde amores hubo, cuentos quedan, en proceso
editorial. Premio Nacional de Poesía Adelaida del Mármol
2019, con el poemario Por distintas aceras; y Premio Mejor
Haiku Concurso Internacional de haiku de la Facultad de
Derecho de Albacete, La Mancha, España, 2019.

ÍNDICE

COLECCIÓN

NÁUFRAGOS

Letramía

Editorial

Made in the USA
Columbia, SC
02 October 2023

23693146R00039